ΚΑΝΘΑΡΙΔΙΟΝ

Texte und Übungen für die ersten Wochen

der Einführung in die griechische Sprache

Teil I: Lese- und Arbeitsheft

W0197160

Ernst Klett Verlag

Stuttgart München Düsseldorf Leipzig

ΚΑΝΘΑΡΙΔΙΟΝ wurde erarbeitet
als Alternative oder als Ergänzung
zum Lehrwerk **ΚΑΝΘΑΡΟΣ**, Lektion 1-5

Bearbeiter:
  Frank Forster
  Werner Fortmann
  Dr. Wolfram Keber
  Benedikt Niehues
  Rudolf Pohl
  Martin Schäfer

Zeichnungen:
  Marco Musienko

Beratung:
  Gerhard Kneißler
  Dieter Merten

Bildnachweis: Umschlag und S. 23: Antikenmuseum und Abgußsammlung, Archäologisches Institut der Universität Heidelberg • S. 6: Antikenmuseum, Staatl. Museen Preußischer Kulturbesitz (links); Ekdotike Athenon, Athen (rechts) • S. 7: München, Staatl. Antikensammlungen • S. 8: Archiv A. Steinmeyer, Filderstadt • S. 10: Verlagsarchiv • S. 16: Staatliche Münzsammlung, München • S. 17: nicht ermittelt • S. 22: Louvre, Paris (nach: Victor Duruy, Die Welt der Griechen, Genf 1981)

1. Auflage   1 9 8 7 6 5 | 2015 14 13 12 11
Alle Drucke dieser Auflage können im Unterricht nebeneinander benutzt werden, sie sind untereinander unverändert. Die letzte Zahl bezeichnet das Jahr dieses Druckes.

© Ernst Klett Verlag GmbH, Stuttgart 1996. Alle rechte vorbehalten.
Internetadresse: www.klett.de
e-Mail: klett-kundenservice@klett-mail.de
Druck: Digitaldruck Tebben, Biessenhofen
ISBN 3-12-670120-5.

Vorwort für die Schülerinnen und Schüler

Διάλογος (ὁ μαθητής, τὸ κανθαρίδιον)

M.: Mathetés (Schüler); K.: Kantharídion

K.: Καλημέρα. Guten Tag, ich bin Dein erstes Griechisch-Buch...

M: Buch? Ist das nicht übertrieben?

K.: Du hast recht, eher ein Büchlein, und deshalb haben meine Verfasser mir die Verkleinerung in den Namen geschrieben: ein »Kleiner Kantharos« bin ich.

M.: Ein ulkiger Name! Spinnen die denn auch, die Griechen?

K.: Keineswegs! Laß mich nur erzählen, was sich meine Verfasser dabei gedacht haben! Übrigens sind die gar keine echten Griechen, von Geburt, meine ich, aber irgendwie sind die dann doch wieder echte Griechen: daß so etwas möglich ist, wirst Du im Lauf des Unterrichts noch an Dir selbst beobachten...

M.: Du sprichst in Rätseln, wie dieses berühmte Orakel, Du weißt schon, welches ich meine.

K.: Klar! Willst Du mehr davon hören?

M.: Heute noch nicht! Du wolltest doch über Dich erzählen. Aber fasse Dich kurz, man kennt Euch ja, Euch Vorworte!

K.: Versprochen! Der Kantharos ist eigentlich ein Trinkgefäß, und wenn ich mir die Bemerkung erlauben darf, eines der schönsten, das die Griechen in Gebrauch hatten.

M.: Ich sagte: Fasse Dich kurz!

K.: Συγγνώμη, παρακαλῶ – entschuldige bitte! Jedenfalls habe ich noch einen älteren Bruder, der – wie das Trinkgefäß – »ΚΑΝΘΑΡΟΣ« heißt. Du wirst ihn sicher noch kennenlernen.

Anders als mein Bruder bin ich nur für die Einführung in die griechische Sprache zuständig. Meine Verfasser haben hierzu kleine Texte aus unterschiedlichen literarischen Gattungen ausgewählt. Dabei haben sie versucht, Dein Vorwissen und Deine Erwartungen gleichermaßen zu berücksichtigen.

Wie gern ich erzähle, hast Du ja wohl schon gemerkt. Und die Griechen selbst sind für ihre Erzählfreude geradezu sprichwörtlich. Deshalb wirst Du auf den nächsten Seiten besonders solche Texte lesen, die aus dieser Freude am Erzählen heraus entstanden sind.

Viel Spaß dabei!

Vorwort

Mit dem »ΚΑΝΘΑΡΙΔΙΟΝ« legen die Autoren einen Einführungskurs in das Fach Griechisch vor, der als Alternative zu den fünf einführenden Lektionen des Unterrichtswerkes »ΚΑΝΘΑΡΟΣ« gedacht ist. Diese Alternative wurde entwickelt, weil sich aus der Unterrichtspraxis der Wunsch ergab, den Einführungskurs mit Texten zu gestalten, die ein rascheres Vorgehen ermöglichen, zugleich aber auch Inhalte zum Gegenstand haben, die in der Information über das Fach Griechisch im Vordergrund stehen. Die Autoren haben soweit möglich originalnahe Texte verwendet, die in ihren sprachlichen Elementen grundlegende Kenntnisse vermitteln, zugleich aber auch als Beispiele für wichtige literarische Kurzformen zur Interpretation einladen.

Auf eine Einführung in die wichtigen Elemente des Alphabets und der griechischen Schrift haben die Autoren bewußt verzichtet, weil in den vorliegenden Unterrichtswerken dazu viel geeignetes Material zu finden ist.

Der Einführungskurs kann nach den Erfahrungen der Bearbeiter auch verwendet werden, wenn im Anschluß mit einem anderen griechischen Unterrichtswerk als dem ΚΑΝΘΑΡΟΣ weitergearbeitet wird.

»ΚΑΝΘΑΡΙΔΙΟΝ« besteht aus dem Text- und Übungsheft (Teil I) und dem Wortschatzheft (Teil II).

Der Einführungskurs wurde in mehreren Kursen erprobt und überarbeitet.

Für die zahlreichen Erfahrungen, die uns übermittelt wurden, danken wir den Lehrkräften und den Schülerinnen und Schülern sehr. Wir danken Herrn Dr. Thomas Ihnken von der Ruhr-Universität Bochum, der uns freundlicherweise einige von ihm erstellte Bearbeitungen von Phaedrus-Fabeln überließ, sowie dem Schüler Marco Musienko vom Gymnasium Nepomucenum in Coesfeld, der in der Erprobungsphase die Handzeichnungen angefertigt und sie für die Drucklegung beigesteuert hat.

Besonderer Dank gebührt Herrn Peter Broghammer, der das Typoskript erstellt hat.

Wir wünschen den Lehrerinnen und Lehrern und den Schülerinnen und Schülern viel Freude bei der Arbeit mit dem »ΚΑΝΘΑΡΙΔΙΟΝ«.

Die Bearbeiter

Inhalt

LEKTION 5:

F.: Ind., Imper., Inf. Präs. Med. / Pass.; die Diathesen Aktiv, Medium, Passiv; Deponentien; Futur zu εἶναι; ὅδε, ἥδε, τόδε als Dem.-Pron.; τίς / τί als Fragepronomen; Vok. Plur.

S.: ὑπό beim Gen. zur Bezeichnung der handelnden Person bei einem Prädikat im Passiv; n.c.i.; doppelter Nom.; Dat. instr.

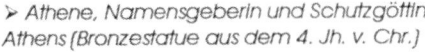

△ *Zeus, Vater der Götter und Menschen (Zeus als Blitzschleuderer; Bronzestatuette aus Dodona, um 480 v. Chr.)*

➢ *Athene, Namensgeberin und Schutzgöttin Athens (Bronzestatue aus dem 4. Jh. v. Chr.)*

Die Menschen verehrten die Götter und suchten sie durch Gebete und milde Gaben freundlich und gütig zu stimmen oder ihren Zorn zu besänftigen. Die auf einem Altarsockel dargestellte Szene zeigt, wie eine Familie zwei Gottheiten opfert.

Lektion 1

Text I: Götter und Gottesdienst

In der griechischen Frühzeit gab es eine sehr enge Verbindung zwischen dem Denken und Fühlen der Menschen und dem Wirken von Göttern und Gottheiten. Für die Menschen dieser Zeit bestand kein Zweifel daran, daß Götter wirklich existierten und daß in allen Bereichen des Lebens ihre Macht spürbar sei. Ihre Erscheinungsformen waren vielfältig: Alles, was lebt, und alles, was Leben bewirkt, konnte etwas Göttliches sein.

Im Mythos, d. h. in den frühen Erzählungen von Göttern und göttlichen Helden, begegnete den Menschen die Gottheit in menschenähnlicher Gestalt. Sie konnten sie dadurch verstehen, und es entstanden vielerlei Riten und Kulte, in denen die Menschen versuchten, ihre Verbundenheit mit den Göttern zum Ausdruck zu bringen.

Philippos, ein Junge aus Athen, erzählt uns von dem religiösen Leben in seiner Heimatstadt.

Οἱ ᾿Αθηναῖοι θεραπεύουσι τοὺς θεούς

Οἱ ᾿Αθηναῖοι πολλοὺς θεοὺς θεραπεύουσι καὶ τοῖς θεοῖς βωμοὺς ἱδρύουσιν.

3 Ζεὺς πατὴρ τῶν ἐν οὐρανῷ θεῶν ἐστιν. Διὸ κόσμον καὶ νόμους φυλάττει, φυλάττει δὲ καὶ τοὺς ξένους. ῞Ηρα δέ, μήτηρ πολλῶν καὶ δεινῶν θεῶν, ἐν Σάμῳ
6 ἄρχει. Τοὺς δὲ γάμους καὶ τοὺς τοῦ γάμου νόμους φυλάττει. ᾿Απόλλων δὲ καὶ ῎Αρης καὶ ῾Ερμῆς καὶ ῞Ηφαιστος υἱοὶ τῶν μεγάλων ἐν τῷ οὐρανῷ θεῶν
9 εἰσιν.

ὁ **βωμός**: der Altar
ἱδρύω: gründen, errichten
ὁ **πατήρ**: der Vater (vgl. lat. »pater«)
ἡ **μήτηρ**: die Mutter (vgl. lat. »mater«)
Σάμος: (die Insel) Samos
ὁ **γάμος** / οἱ **γάμοι**: die Ehe
μέγας (Gen. **μεγάλου**): groß

7

Οἱ Ἀθηναῖοι θεραπεύουσι τὸ θεῖον κατὰ τοὺς νόμους. Νόμος δ᾽ ἐστὶν αὐτοῖς θύειν τοῖς θεοῖς ἐπὶ τοῖς πρὸ τῶν ἱερῶν βωμοῖς. Ὅτι δὲ καὶ τοὺς οἴκους 12 φυλάττουσιν οἱ θεοί, πολλοὶ τῶν Ἀθηναίων θύουσι τοῖς θεοῖς καὶ ἐν τοῖς οἴκοις.

Übungen und Aufgaben

1. Deklinieren Sie:

ὁ θεός / ὁ κόσμος / ὁ οἶκος / τὸ ἱερόν / τὸ δεινὸν θεῖον

2. Vergleichen Sie:

τὸ ἱερόν das Heiligtum   ἱερόν ein Heiligtum.

Übersetzen Sie entsprechend:

(ὁ) νόμος / (τοῖς) ξένοις / (οἱ) υἱοί / (τοῦ) θείου

3. Bestimmen Sie die Substantive nach Kasus, Numerus und Genus (KNG), ergänzen Sie den passenden Artikel, und übersetzen Sie die Wortverbindungen:

a) ... Ἀθηναῖοι   b) οἱ ἐν ... οὐρανῷ θεοί
c) κατὰ ... νόμους βωμοὺς ἱδρύειν d) πρὸ ... ἱεροῦ θύειν
e) ... κόσμον φυλάττειν   f) ... θεῖα θεραπεύειν

↘ Blick auf die Akropolis (ἡ ἀκρόπολις), den seit dem 3. vorchristlichen Jahrtausend besiedelten Burgberg von Athen (αἱ Ἀθῆναι).

Im Vordergrund das Odeion (τὸ ᾠδεῖον / τὸ Ὠιδεῖον) des Herodes Atticus aus römischer Zeit. Die Treppe zum Burgberg hinauf führt zu den Propyläen (τὰ Προπύλαια). Rechts davon der kleine Tempel der Nike (τὸ τῆς Νίκης ἱερόν), hinter dem das Erechtheion (τὸ Ἐρέχθειον) zu erkennen ist. Alles wird überragt von dem Prachttempel der Athene, dem 438 v. Chr. unter Perikles erbauten Parthenon (ὁ Παρθενών).

Text II: Nutzen der Lehrbücher

Witzerzählung aus dem »Philogelos«

Die Griechen beschäftigten sich nicht nur mit den ernsten Dingen des Lebens, sondern waren auch sehr lebenslustige Menschen, die für Lachen, Scherzen und Spotten viel übrig hatten. Dafür sprechen die verschiedenen Sammlungen von »Charakterbildern« (die meistens komische oder lächerliche »Typen« vor Augen führten) und Anekdoten, die uns überliefert sind.

Besonders aufschlußreich für griechisches Denken und Fühlen auf diesem Gebiet ist die einzige erhaltene Witze-Sammlung in griechischer Sprache, die den Namen »Philogelos« (Φιλόγελως) trägt. Sie stammt aus dem 4./5. Jh. n. Chr. und enthält 265 »Witz-Geschichten«. Mehr als ein Drittel von diesen (etwa 100) stellt einen »Typen« in den Mittelpunkt, der als σχολαστικός bezeichnet wird.

Wer oder was dieser ist, werden Sie im Verlauf der Arbeit mit dem ΚΑΝΘΑΡΙΔΙΟΝ erfahren.

3

Σχολαστικὸς εὐτράπελος πιπράσκει τὰ ἑαυτοῦ βιβλία, ὅτι ἀργύριον οὐκ ἔχει. Ἔπειτα γράφει πρὸς τὸν πατέρα· »Σύγχαιρε ἐμοί, ὦ πάτερ· ἤδη γὰρ ἐμὲ τὰ βιβλία τρέφει.«

εὐτράπελος: gewandt, gewitzt
πιπράσκω: verkaufen
ἑαυτοῦ: Genitiv des Reflexivpronomens, deutsch: sein(e)
τὸν πατέρα: Akk. Sg. zu ὁ πατήρ (s. Text I)
ὦ πάτερ: Vok. Sg. zu ὁ πατήρ (s. Text I)

σχολαστικός: Überlegen Sie im Anschluß an die Übersetzung des Textes, welcher »Typ« hier gemeint ist.

Übungen und Aufgaben

1. Übersetzen Sie, und verwandeln Sie vom Singular in den Plural bzw. vom Plural in den Singular:

a) Ὁ υἱὸς ἀργύριον οὐκ ἔχει.
b) Τὸ βιβλίον τὸν υἱὸν τρέφει.
c) Τὰ τῶν θεῶν ἱερὰ δεινά ἐστιν· καὶ οἱ πρὸ τῶν ἱερῶν βωμοὶ δεινοί εἰσιν.

2. Zerlegen Sie die Sätze in Wortblöcke, und bestimmen Sie deren Satzgliedfunktion:

a) Ἥρα τοὺς τοῦ γάμου νόμους φυλάττει.
b) Οἱ Ἀθηναῖοι ἐπὶ τοῖς πρὸ τῶν ἱερῶν βωμοῖς θύουσιν.

3. Ergänzen Sie die passende Form des Personalpronomens der 1. Person Singular, und übersetzen Sie:

a) Καὶ ... πολλὰ ἀργύρια οὐκ ἔστιν.
b) Καὶ ... οἱ θεοὶ φυλάττουσιν.

4. In den Texten lernen Sie von den Formen des Präsens Aktiv die 3. Person Singular und Plural Indikativ, den Imperativ Singular und den Infinitiv kennen. Schreiben Sie alle Verbformen aus den Texten heraus und bilden Sie die jeweils fehlenden Formen; fügen Sie die deutsche Bedeutung im Infinitiv hinzu.

5. Αὐτός bedeutet entweder »selbst« oder es steht in der Funktion des Personalpronomens der 3. Person (»er, sie, es«). Übersetzen Sie, und begründen Sie Ihre Wiedergabe von αὐτός:

a) Ζεὺς αὐτὸς κόσμον καὶ νόμους φυλάττει· διὸ οἱ Ἀθηναῖοι αὐτὸν μάλιστα (am meisten) θεραπεύουσιν.

b) Ὁ πατὴρ αὐτὸς τοῖς θεοῖς βωμὸν ἱδρύει· οἱ υἱοὶ αὐτῷ συγχαίρουσιν.

6. In Text I finden Sie in Satz 3 (Z. 3/4) und Satz 6 (Z. 7-9) je eine stilistische Besonderheit.

Benennen Sie diese, und erläutern Sie die Aussageabsicht.

Lektion 2

Text I: **Der Schatz im Weinberg**

Ein Gleichnis des Äsop

Neben der epischen und der lyrischen Dichtung sind in der Prosa die Novelle, das Märchen, die Parabel, die Anekdote, die Fabel u.ä. besondere Kennzeichen der frühen griechischen Literatur. Ihre Autoren werden zusammenfassend als λογοποιοί, als »Wort-Macher«, bezeichnet; ihr Entstehen verdanken sie dem menschlichen Urtrieb, Geschichten zu erzählen und ihnen zuzuhören; was entsteht, sind vor allem Erzählungen, in denen praktische Lebensweisheit in unterhaltender Form anschaulich gemacht wird.

Der bekannteste Name aus dem Kreis dieser »Schrift-Steller« ist der des Äsop aus Phrygien (ὁ Αἴσωπος, Mitte des 6. Jh. v. Chr.), doch ist nicht sicher, ob es eine historische Person dieses Namens tatsächlich gegeben hat. Es ist daher nicht verwunderlich, daß sich um sein Aussehen, seine Herkunft, sein Leben und seinen Tod viele Legenden ranken.

Unter dem Namen des Äsop sind 231 »Geschichten« mit einer solchen (zumeist witzigen) moralisch-belehrenden Pointe erhalten. Der Fachbegriff für eine Erzählung dieser Art lautet griechisch μῦθος oder λόγος, lateinisch »fabula«

Äsop und der Fuchs; Darstellung auf einer Schale um 450 v.Chr.:

Der Fabeldichter hört dem (schlauen) Fuchs zu. Der Krückstock und der übergroße Kopf weisen auf eine Verbindung von dürftigem Leben und umfassendem Geist hin.

Περὶ τῆς ἀμπέλου
καὶ τοῦ ἐν αὐτῇ θησαυροῦ

(μῦθος τοῦ Αἰσώπου)

Γεωργῷ δύο υἱοί εἰσιν· ὁ δὲ γεωργὸς τοὺς υἱοὺς
ἀργοὺς νομίζει. Ὅτε οὖν ὁ γεωργὸς ἀποθνήσκειν
3 μέλλει, λέγει τοῖς υἱοῖς, ὅτι καταλείπει αὐτοῖς
θησαυρὸν ἐν τῇ ἀμπέλῳ. Μετὰ τὸν τοῦ γεωργοῦ
θάνατον οἱ υἱοὶ τὴν ἄμπελον ὀρύττουσιν φιλοπόνως.
6 Τὸν μὲν θησαυρὸν οὐχ εὑρίσκουσιν, ἡ δ' ἄμπελος
αὐτοῖς φέρει πολλοὺς καὶ καλοὺς καρπούς.

Ὁ μῦθος λέγει, ὅτι ὁ κάματος θησαυρός ἐστι τοῖς
9 ἀνθρώποις.

ἡ ἄμπελος: der Weinberg
ἀργός, (ή), όν: träge, faul
ὀρύττω: graben, umgraben
φιλοπόνως (Adv.): eifrig, fleißig
ὁ κάματος: die Mühe, die Anstrengung

Text II: Pferd und Esel

Eine Fabel des Äsop

Äsop (s. Text I) gilt vor allem als Vater der Tierfabel,
d.h. einer Erzählung, in der Tiere als Sinnbilder men-
schlicher Handlungen und Verhaltensweisen vor Augen geführt werden.

Der Tiervergleich dient dabei vorrangig dazu, etwas,
was sinnlich nicht greifbar ist, anschaubar zu machen. So sind es in erster Linie geistige und morali-
sche Eigenschaften des Menschen, die auf diese
Weise kritisch beleuchtet werden.

Die »Fabel« enthält in der Regel (vgl. Text I) einen erzählenden und einen belehrenden Teil. Der erzäh-
lende Teil ist der eigentliche »Mythos«, der hinzugefügte belehrende Teil heißt »Promythion« oder
»Epimythion«, je nachdem, ob er vor oder hinter der »fabula« seinen Platz bekommen hat.

Ἵππος καὶ ὄνος

(Αἰσώπειος μῦθος)

Ἄνθρωπος ἔχει ἵππον καὶ ὄνον. Ποτὲ ὁ ἵππος καὶ ὁ
ὄνος ὁδεύουσιν ἅμα τῷ ἀνθρώπῳ ὁδόν. Ὁ μὲν ὄνος
3 φέρει τὸν φόρτον, ὁ δὲ ἵππος βαδίζει ἐλεύθερος φόρτου. Μετὰ χρόνον ὁ ὄνος κάμνει καὶ κελεύει τὸν
ἵππον παραλαμβάνειν τοὺς σάκκους. Ὁ δὲ ἵππος οὐκ
6 ἐθέλει καὶ τῶν λόγων τῶν τοῦ ἑταίρου οὐ φροντίζει.
Μετὰ μικρὸν χρόνον δὲ ὁ ὄνος συμπίπτει καὶ ἀπο-
θνήσκει.

ὁ ὄνος: Esel
Αἰσώπειος, (α), ον: zu **Αἴσωπος**
(s. L. 2, Text I)
ὁδεύω ὁδόν: einen Weg zurücklegen, eine Reise machen
ὁ φόρτος: die Last
βαδίζω: gehen, schreiten
κάμνω: müde werden
ὁ σάκκος: »Sack«
συμπίπτω: zusammenbrechen

δέρω: (ab)häuten
ἡ δορά: die (abgezogene) Haut
οἰμώζω: jammern
ὁ γόος: das Jammern, die Klage

Ἔπειτα ὁ ἄνθρωπος δέρει τὸν νεκρὸν ὄνον καὶ ἐπι- 9
βάλλει τῷ ἵππῳ καὶ τοὺς σάκκους καὶ τὴν τοῦ ὄνου
δοράν. Νῦν ὁ ἵππος μὲν οἰμώζει, ἀλλ' ὁ ἄνθρωπος οὐ
φροντίζει τῶν γόων τῶν τοῦ ἵππου. 12

Übungen und Aufgaben

1. Deklinieren Sie im Singular nebeneinander ὁ γεωργός und ἡ ὁδός sowie ὁ θάνατος und ἡ ἄμπελος.

2. Bilden Sie, soweit Ihnen bekannt, zu θύει / ἐστίν / ἀποθνῄσκει

die 1. Sg.: ...
die 3. Plur.: ...
den Infinitiv: ...

3. Setzen Sie passende Präpositionen ein, bestimmen Sie die Wortfügungen nach KNG, und übersetzen Sie sie:

a) ... τῷ οὐρανῷ
b) ... τῶν ἱερῶν
c) ... τὸν θάνατον
d) ... τοὺς νόμους
e) ... / ... τῷ υἱῷ
f) ... τῶν Ἀθηναίων (Überschrift!)

4) Vergleichen Sie in den folgenden Sätzen Subjekt und Prädikat. Was fällt auf?

a) Οἱ ἄνθρωποι τοῖς θεοῖς θύουσιν. / Πολλὰ ἱερὰ μικρά ἐστιν.
b) Αἱ ἄμπελοι τοῖς ἀνθρώποις καλοὺς καρποὺς φέρουσιν. / Τὰ βιβλία τοὺς υἱοὺς τρέφει.

5. Benennen und beschreiben Sie die vorliegende Wortstellung:

a) περὶ τοῦ θησαυροῦ τοῦ ἐν τῇ ἀμπέλῳ
b) περὶ τοῦ ἐν τῇ ἀμπέλῳ θησαυροῦ

Formen Sie entsprechend um:
a) οἱ θεοὶ οἱ δεινοί ⇨
b) τοὺς τοῦ γάμου νόμους φυλάττειν ⇨
c) τῶν μεγάλων θεῶν φροντίζειν ⇨

6. Die nachfolgenden Sätze sagen dasselbe aus. Welche Funktion hat der Dativ im zweiten Satz?

Ἐγὼ πολλοὺς ἑταίρους ἔχω. / Ἐμοὶ πολλοὶ ἑταῖροί εἰσιν.

7. Das Adverb zu φιλόπονος lautet φιλοπόνως (s. Text I, Satz 4, Zeile 5). Wie lautet entsprechend das Adverb zu δεινός und καλός? Was drückt das Adverb aus?

8. Machen Sie die Aussagen von dem in Klammern stehenden Ausdruck abhängig, und übersetzen Sie:

a) Ὁ ἵππος ἐλεύθερος φόρτου βαδίζει (ὁ ἄνθρωπος κελεύει).
b) Οἱ υἱοὶ τὴν ἄμπελον φιλοπόνως ὀρύττουσιν (ὁ γεωργὸς κελεύει).
c) Οἱ Ἀθηναῖοι τοῖς μεγάλοις θεοῖς θύουσιν (ὁ νόμος κελεύει).

9. Fügen Sie zu den Verbformen die Verneinung hinzu, und formulieren Sie das dabei sichtbar werdende Lautgesetz; übersetzen Sie anschließend die Wortverbindungen:

νομίζει / ἄρχουσιν / ἱδρύει / ἔχουσιν / εὑρίσκει / λέγουσιν

10. In der Wortfügung ὁδὸν ὁδεύειν lernen Sie eine weitere typisch griechische Stilfigur kennen. Wie heißt sie? Mindestens ein weiteres Beispiel müßten Sie aus den Ihnen bisher bekannten Vokabeln schon selbst bilden können.

11. Zerlegen Sie die Verbformen, und benennen Sie jeweils die Bestandteile:

σύγχαιρε / ἀποθνήσκειν / καταλείπει / παραλαμβάνουσιν / συμπίπτειν / ἐπιβάλλει

12. Welche griechischen Wörter liegen folgenden Fremdwörtern zugrunde?

Lektion 3

Text I: **Zwei Ranzen**

Ein Gleichnis des Äsop

Das folgende unter dem Namen des Äsop überlieferte »Gleichnis« (vgl. Lektion 2) gehört zu denen, die weiteste Verbreitung gefunden haben.

Δύο πῆραι

(Αἰσώπειος μῦθος)

Ἀνθρώπων ἕκαστος δύο πήρας φέρει, τὴν μὲν ἔμπροσθεν, τὴν δ' ὄπισθεν. Ἑκάστη δὲ τῶν πηρῶν περιέχει
3 πολλὰ κακά, ἡ μὲν ἔμπροσθεν πήρα περιέχει τὰ τῶν
ἑτέρων ἀνθρώπων, ἡ δ' ὄπισθεν τὰ ἴδια. Διὸ οἱ
ἄνθρωποι τὰ μὲν ἴδια κακὰ οὐ γιγνώσκουσιν, τὰ δὲ
6 τῶν ἑτέρων ἀεὶ βλέπουσιν.

ἡ **πήρα**: der Ranzen
Αἰσώπειος, α, ον:
s. L. 2, Text II
ἔμπροσθεν: vorn(e)
ὄπισθεν: hinten
περιέχω: umfassen, umgeben, einschlie-
ßen; enthalten

Übungen und Aufgaben

1. In Text I der Lektion 1 haben Sie die Stilfigur des Chiasmus kennengelernt; der Text I dieser Lektion ist geprägt durch die Stilfigur des Parallelismus. Nennen Sie aus dem Text Beispiele für syntaktische Fügungen, die dieses Stilmittel erkennen lassen, und suchen Sie auch für sie die Aussageabsicht zu ergründen, die mit ihnen verbunden ist.

2. In gleicher Weise charakterisieren den Text Ellipsen (Auslassungen), Repetitionen (Wiederholungen) und Antithesen (Entgegensetzungen):

a) Ergänzen Sie die ausgelassenen Wörter, und begründen Sie, warum der Verfasser sie wohl ausgelassen hat.

b) Kennzeichnen Sie die Antithesen und Repetitionen, und beschreiben Sie die sprachlichen Mittel, mit denen der Verfasser sie deutlich macht.

3. Deklinieren Sie im Singular und Plural nebeneinander ἡ μικρὰ πήρα und ἡ καλὴ ψυχή (die Bedeutung des Wortes ψυχή erkennen Sie aus dem deutschen Fremdwort »Pychologie«).

4. Bestimmen Sie in Satz 2 des Textes I (Z. 2-4) die Satzglieder, und begründen Sie Ihre Entscheidungen.

Text II: Alexander und der Maler Apelles

Anekdote des Älian

Von der Erzählfreude der Griechen zeugt auch eine Sammlung von Geschichten, die Claudius Aelianus (Κλαύδιος Αἰλιανός) zusammenstellte. Älian stammte zwar aus Praeneste in Latium (daher sein Beiname »Praenestianus«), wurde aber von seinem Lehrer, dem griechischen Sophisten Pausanias (Παυσανίας), so gründlich in die griechische Sprache wie in das griechische Denken und Fühlen eingeführt, daß er bald von einem wirklichen Athener kaum noch zu unterscheiden war.

Das Werk, nach dem die folgende Begebenheit erzählt ist und das Älian neben mehreren anderen in der 2. Hälfte des 2. Jh.s n. Chr. veröffentlichte, trägt den Titel »Vermischte Geschichten« bzw. »buntes Wissen« (griechisch: ποικίλη ἱστορία; lateinisch: »varia historia«) und enthält in 14 Büchern vor allem eine Sammlung von Anekdoten zu berühmten Persönlichkeiten mit (zumeist) moralisierender Tendenz.

In unserer Geschichte begleiten wir Alexander den Großen in die Werkstatt des Malers Apelles in Ephesus und beobachten das Zusammentreffen der beiden so verschiedenen Männer.

τὴν εἰκόνα: Akk. Sg. zu **ἡ εἰκών**: Bild **ἑαυτοῦ**: s. L. 1, Text II **ἐπαινέει =** **ἐπαινεῖ**: 3. Sg. Ind. Präs. Akt.: (er) lobt **χρεμετίζω**: wiehern **τῇ εἰκόνι**: Dat. Sg. zu **ἡ εἰκών**: (s. Z. 1) **ἔοικε**: 3. Sg. Ind. Perf. Akt. m. Präsensbed.: (er) scheint	Ἀλέξανδρος βλέπει τὴν ἑαυτοῦ ἐν Ἐφέσῳ εἰκόνα, ἣν Ἀπελλῆς γράφει, καὶ αὐτὴν οὐκ ἐπαινεῖ κατὰ τὴν ἀξίαν. Ἐπεὶ δέ τις ἵππον εἰσάγει καὶ ὁ ἵππος χρεμε- 3 τίζει πρὸς τὸν ἵππον τὸν ἐν τῇ εἰκόνι ὡς πρὸς ἀληθινόν, λέγει ὁ Ἀπελλῆς· »ὦ Ἀλέξανδρε, ἀλλ' ὅ γε ἵππος ἔοικέ σου γραφικώτερος εἶναι κατὰ πολύ.« 6

γραφικός: sachverständig in der Malerei
κατὰ πολύ: bei weitem

14

Übungen und Aufgaben

1. Vervollständigen Sie die Deklinationsübersicht zum Relativpronomen (beachten Sie dazu die Deklination des bestimmten Artikels):

	Singular:			Plural:		
Nominativ:	ὅς	ἥ	ὅ	...	...	...
Genitiv:	...	...	...	...	...	...
Dativ:	...	...	...	...	...	...
Akkusativ:	...	ἥν	...	...	...	...

2. Worin muß das Relativpronomen mit seinem Bezugswort übereinstimmen? Setzen Sie ein und übersetzen Sie:

a) Οἱ μῦθοι, ... ὁ Αἴσωπος γράφει, καλοί εἰσιν.

b) Ὁ ὄνος φέρει τὸν φόρτον, ... ὁ ἵππος ἐλεύθερός ἐστιν.

c) Τὰ κακά, ... οἱ ἄνθρωποι οὐ βλέπουσιν, οὐ γιγνώσκουσιν.

3. Die Zerlegung eines Sammelbegriffs oder die Auflösung einer Gruppe in ihre Teile erfolgt griechisch durch die Gegenüberstellung ὁ μέν ... ὁ δέ / ἡ μέν ... ἡ δέ / τὸ μέν ... τὸ δέ. Die deutsche Sprache wählt dazu ein anderes Ausdrucksmittel; welches?

Übersetzen Sie:

Ποτὲ δύο ἄνθρωποι ὁδὸν ὁδεύουσιν· ὁ μὲν ἐστιν σχολαστικός, ὁ δὲ γεωργός. Σὺν αὐτοῖς ὁδεύουσι δύο ἑταῖροι· ὁ μὲν φέρει πήρας, ὁ δὲ σάκκους. Μετὰ χρόνον οἱ ἑταῖροι κάμνουσιν· ὁ μὲν οἰμώζει, ὁ δὲ καὶ συμπίπτει.

4. Vergleichen Sie die Adjektiv-Reihen, und formulieren Sie die zugrundeliegenden Sprachgesetze; nennen Sie auch die deutsche(n) Bedeutung(en) der Adjektive:

δεινός, δεινή, δεινόν   μικρός, μικρά, μικρόν
καλός, καλή, καλόν   νεκρός, νεκρά, νεκρόν
κακός, κακή, κακόν   ἐλεύθερος, ἐλευθέρα, ἐλεύθερον
ἀληθινός, ἀληθινή, ἀληθινόν ἕτερος, ἑτέρα, ἕτερον
ἕκαστος, ἑκάστη, ἕκαστον   ἴδιος, ἰδία, ἴδιον

5. Auch aus den nachfolgend aufgeführten Komparativ-Reihen können Sie das zugrunde-liegende Sprachgesetz sowie das Bildemorphem selbst ableiten:

ἰδιώτερος, ἰδιωτέρα, ἰδιώτερον
ἐλευθερώτερος, ἐλευθερωτέρα, ἐλευθερώτερον
aber:

δεινότερος, δεινοτέρα, δεινότερον
μικρότερος, μικροτέρα, μικρότερον

6. Welcher Kasus bezeichnet den Ausgangspunkt des Vergleichs? Übersetzen Sie:

a) Οὐ πολλοὶ ἄνθρωποι μικρότεροί εἰσιν ἐμοῦ.
b) Ζεὺς δεινότερός ἐστιν Ἡφαίστου.
c) Ὁ πατὴρ τῶν υἱῶν ἀληθινώτερός ἐστιν.

7. Bestimmen Sie in den Satzgefügen die syntaktische und semantische Funktion der Gliedsätze:

a) Ἡ πήρα, ἣν οἱ ἄνθρωποι ἔμπροσθεν φέρουσιν, περιέχει τὰ τῶν ἑτέρων ἀνθρώπων κακά. Διὸ τὰ μὲν τῶν ἑτέρων κακὰ ἀεὶ βλέπουσιν, τὰ δ' ἴδια οὐ γιγνώσκουσιν.

b) Ὅτε γεωργός, ᾧ δύο υἱοί εἰσιν, ἀποθνήσκειν μέλλει, λέγει τοῖς υἱοῖς, οὓς ἀργοὺς νομίζει, ὅτι καταλείπει αὐτοῖς θησαυρὸν ἐν τῇ ἀμπέλῳ.

8. Stellen Sie aus dem Lernvokabular zu den Lektionen 1-3 alle nicht-veränderbaren Wörter zusammen, und ordnen Sie sie nach Wortarten.

links: Münze mit Darstellung des Halbgottes Herakles, der hier die Gesichtszüge Alexanders d. Gr. trägt; das Löwenfell ist ein häufiges Attribut des Herakles, das an die erste seiner 12 Taten erinnert, die Tötung des nemeischen Löwen

rechts: Münze mit Bildnis Alexander mit Widderhörnern, Attributen des in Ägypten verehrten Zeus-Ammon

16

Griechisches Rätsel

Füllen Sie die Kästchen waagerecht in griechischen Buchstaben aus (nutzen Sie als Hilfe die Abbildungen auf dieser und der linken Seite zusammen mit den Erläuterungen):

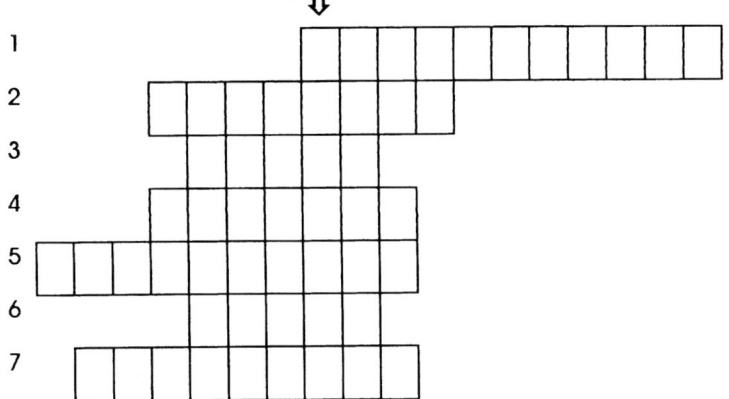

1) berühmter Philosoph, Erzieher Alexanders
2) Vater Alexanders
3) »333, bei ... Keilerei!«
4) Alexander wird auf Münzen mit dessen Attributen dargestellt
5) Name seines Lieblingspferdes
6) Beiname seines »göttlichen Vaters«
7) Heimatland Alexanders

Das Lösungswort ergibt den Namen eines griechischen Gottes (senkrecht zu lesen in der Kästchenreihe, die mit dem Pfeil gekennzeichnet ist).

Zusatzaufgabe: Informieren Sie sich über Alexander den Großen in der Form, daß Sie unter Nutzung einer Wandkarte über sein Leben und Wirken berichten können.

⊻ *Detail aus dem »Alexander-Mosaik«, das in Pompeji gefunden wurde. Es zeigt Alexander den Großen, der den Perserkönig Dareios in der Schlacht bei Issos (333 v. Chr.) besiegt.*

Lektion 4

Text I: Ein Gespräch in der Schule

Meta-Text

Das folgende Gespräch könnte an jeder Schule in einer Unterrichtsstunde im Fach Griechisch stattfinden.

μαθηταί: Nom. u. Vok. Pl. zu **ὁ μαθη-τής**: der Schüler
στέργω : lieben, gern haben, Gefallen finden an
τοιαῦτα: (Akk. Pl. Ntr.): solches
ἐρίζω: streiten
οὐδαμῶς: sicher nicht, in der Tat nicht

Διδάσκαλος· Σπουδαίως μανθάνετε, ὦ μαθηταί. Χαίρω.

Μαθηταί· Στέργομεν τὴν γλῶτταν τὴν Ἑλληνικήν. 3

Ἀλέξανδρος· Ἐγώ γε τὴν Ἑλληνικὴν γλῶτταν οὐ χαλεπὴν νομίζω.

Ἀλεξάνδρα· Οὐκ ἔξεστιν τοιαῦτα σὲ λέγειν. Σὺ μὲν 6 γὰρ ἔχεις πολλὰ βιβλία, ἃ σοὶ βοήθειαν παρέχει, ἐγὼ δ᾽ οὔ.

Διδάσκαλος· Μὴ ἐρίζετε. Ἀλεξάνδρα ἀληθινὰ ἐν νόῳ 9 ἔχει. Ἡ γλῶττα ἡ Ἑλληνικὴ οὐδαμῶς ῥαδία ἐστίν, ἀλλ᾽ αὐτὴν μανθάνειν καὶ ἡδονὴν καὶ πολλοὺς καρποὺς φέρει.

12

Text II: Der Ball im Brunnen

Witz-Erzählung aus dem »Philogelos«

σφαιρίζω: Ball spielen
τὸ φρέαρ: Brunnen
παρακύπτω: sich bücken
τὴν εἰκόνα: s. L. 3, Text II
ἑαυτοῦ : s. L. 1, T. II
ἀπόδος: gib zurück!
τὸν πατέρα: s. L. 1, Text II
ἀποδίδοται: 3. P. Sg. Ind. Präs. Passiv: er / sie / es wird zurückgegeben

Eine weitere »Witz-Geschichte« aus dem »Philogelos«, die den **σχολαστικός** in ganz anderer Weise charakterisiert.

Ὁ τοῦ σχολαστικοῦ υἱὸς σφαιρίζει. Ὅτε ἡ σφαῖρα εἰς φρέαρ πίπτει, ὁ υἱὸς παρακύπτει εἰς τὸ φρέαρ καὶ βλέπει τὴν ἑαυτοῦ εἰκόνα καὶ λέγει· »Ἀπόδος ἐμοὶ 3 τὴν σφαῖραν.« Ἔπειτα τρέχει πρὸς τὸν πατέρα καὶ ἀγγέλλει· »Ἡ σφαῖρά μοι οὐκ ἀποδίδοται.«

6 Νῦν ὁ σχολαστικὸς αὐτὸς παρακύπτει εἰς τὸ φρέαρ καὶ λέγει πρὸς τὴν ἑαυτοῦ εἰκόνα· »ὦ δέσποτα, ἀπόδος ὡς τάχιστα τῷ υἱῷ τὴν σφαῖραν.«

ὦ δέσποτα: Vok. Sg. zu ὁ **δεσπότης**: der Herr (im Ggs. zum Sklaven)
ὡς τάχιστα: so schnell wie möglich

Übungen und Aufgaben

1. Deklinieren Sie nebeneinander ἡ σφαῖρα, ἡ γλῶττα, ἡ ἡδονή. Vergleichen Sie, und begründen Sie die sichtbar werdenden Unterschiede:

Singular:	Nom.	ἡ σφαῖρα	ἡ γλῶττα	ἡ ἡδονή
	Gen.	… ……	… ……	… ……
	Dat.	… ……	… ……	… ……
	Akk.	… ……	… ……	… ……
Plural:	Nom.	… ……	… ……	… ……
	Gen.	… ……	… ……	… ……
	Dat.	… ……	… ……	… ……
	Akk.	… ……	… ……	… ……

2. Bestimmen Sie folgende Formen:

τὰ ἀργύρια / τῆς ὁδοῦ / τῷ νόμῳ / τὴν βοήθειαν / τοῦ θεοῦ / τῷ οὐρανῷ / ταῖς ψυχαῖς / τῶν βιβλίων / τοὺς ἀνθρώπους

3. Bilden Sie alle Ihnen bekannten Formen zu:

χαίρω / μανθάνω / παρέχω

4. Vertauschen Sie den Numerus:

νομίζομεν   λέγεις   ἐστίν   θύει   φύλαττε   μανθάνετε

---

5. Bestimmen und zerlegen Sie folgende Formen:

βλέπομεν / φέρετε (2) / πίπτουσιν / ἀγγέλλεις / εἰσάγειν / ἐθέλω / κατάλειπε / παραλαμβάνει

6. Übersetzen Sie (beachten Sie die Verneinung!):

Οὐ γράφετε.   Μὴ γράφετε.

_____   _____

Fügen Sie wie oben in dem Beispiel zu den folgenden Verbformen die richtige Verneinung hinzu, und übersetzen Sie die verneinte Verbform. Achtung: Bei 2 Formen sind beide Verneinungen möglich!

λέγε / τρέχομεν / χαίρεις / εἰσάγετε / γιγνώσκουσιν / ἄγγελλε / νομίζετε

7. Stellen Sie die in den Texten dieser Lektion verwendeten Substantive, soweit sie zum Lernvokabular gehören, in der Reihenfolge zusammen, wie es nach dem Deklinationsschema üblich ist (erst Singular / dann Plural); nennen Sie dann zu ihnen den Nominativ Singular und die deutsche(n) Bedeutung(en).

8. Vervollständigen Sie die Deklinationsübersicht über die Personalpronomina:

Nom.		σύ	ἡμεῖς	
Gen.	ἐμοῦ			ὑμῶν
Dat.		σοί	ἡμῖν	
Akk.	ἐμέ			ὑμᾶς

9. Fügen Sie den passenden Kasus des Personalpronomens der 2. P. Sg. ein, und übersetzen Sie:

a) Τὰ βιβλία ... βοήθειαν παρέχει.
b) Ὁ διδάσκαλος ἐμὲ ... σπουδαιότερον νομίζει.
c) Χαίρω, ὅτι ... βλέπω.
d) Ὁ γεωργὸς κελεύει ... τὸν φόρτον φέρειν.

10. Ordnen Sie den Substantiven ein inhaltlich passendes Adjektiv zu, und schließen Sie dieses grammatisch richtig an das Substantiv an:

Substantive (in verschiedenen Kasus)	Adjektive (im Nom. Sg. Mask.)
αἱ σφαῖραι	Ἑλληνικός
τῇ ἀξίᾳ	ἴδιος
τὰ ἱερά	κακός
τῶν καρπῶν	μικρός
τοῦ κακοῦ	ἀληθινός
τὸν ξένον	χαλεπός

11. Verbinden Sie mit der passenden Präposition, und übersetzen Sie:

τοῖς ἱεροῖς / τοὺς νόμους / τοῖς ἑταίροις / τοῖς βωμοῖς / τὸν πατέρα / τοῦ θησαυροῦ / τὸν θάνατον / τὸν οἶκον

περί / πρός / ἐν / μετά / κατά / εἰς / ἐπί / σύν

12. Unterteilen Sie in Satzglieder, benennen Sie deren syntaktische Funktion, und übersetzen Sie:

a) Ὁ μὲν τὴν εἰκόνα καλὴν νομίζει.
b) Ὁ δὲ τὴν εἰκόνα οὐ καλὴν εἶναι νομίζει.
c) Καὶ σὲ τὴν εἰκόνα βλέπειν ἔξεστιν.
d) Γλῶτταν μανθάνειν χαλεπόν ἐστιν.

13. Übersetzen Sie, und unterscheiden Sie die Verwendung von αὐτός:

a) Ὁ διδάσκαλος αὐτὸς τὰ βιβλία ἐπαινεῖ κατὰ τὴν ἀξίαν· ἔπειτα αὐτὰ τοῖς υἱοῖς παρέχει.

b) Ἥρα αὐτὴ τοὺς τοῦ γάμου νόμους φυλάττει· διὸ οἱ Ἀθηναῖοι αὐτῇ ἐν τοῖς οἴκοις θύουσιν.

Lektion 5

Text I: **Der Wolf und das Lamm**

Tierfabel des Äsop

Eine der zahlreichen Fabeln (nicht nur des Äsop), in denen Wolf und Lamm einander gegenübergestellt sind:

Λύκος καὶ ἀρνίον

μῦθος τοῦ Αἰσώπου

Ἀρνίον ὑπὸ λύκου διώκεται καὶ εἰς ἱερὸν φεύγει. καὶ ὁ μὲν λύκος τὸ ἀρνίον ἐξάγειν βούλεται καὶ λέ-
3 γει· »Ἐν τῷ ἱερῷ θυσία ἔσῃ τῷ θεῷ.« Τὸ δ᾽ ἀρνίον· »Ἀλλὰ μᾶλλον βούλομαι θεοῖς θυσία γίγνεσθαι ἢ ὑπὸ λύκου διαφθείρεσθαι.«

ὁ λύκος: der Wolf
τὸ ἀρνίον: das Lamm
ἡ θυσία: das Opfer (vgl. θύω in L. 1, Text I)

Text II: Wer ist betrunken?

Witz-Geschichte aus dem »Philogelos«

Noch eine letzte »Witz-Erzählung« aus dem »Philogelos«, in der diesmal nicht der σχολαστικός, sondern ein anderer »Typ« aufs Korn genommen wird:

ὁ μέθυσος: der Be-
trunkene
διὰ ταῦτα: des-
wegen
μεθύω: betrunken
sein

Μέθυσος ὀνειδίζεται ὑπὸ τοῦ φίλου, ὅτι πολλὰ πίνει καὶ διὰ ταῦτα οὔτε ὀρθῶς βλέπει οὔτε λέγει οὔτε πράττει. Ἔπειτα δ᾽ ἀμύνεται ὁ μέθυσος τοῖσδε τοῖς λόγοις· »Ἐγὼ μεθύω ἢ σύ, ὃς δύο κεφαλὰς ἔχεις;« 3

Text III: ΚΑΝΘΑΡΟΣ und ΚΑΝΘΑΡΙΔΙΟΝ als reales Gefäß und als Sinnbild

Anakreontisches Lied

In Griechenland kamen die Männer häufig zusammen, um miteinander zu reden, zu singen, zu trinken, zu spielen. Die Lieder, die bei einem solchen »Symposion« (vgl. Abbildung zu Text II sowie zu Lektion 57 des ΚΑΝΘΑΡΟΣ) vorgetragen wurden, handeln vom fröhlichen Genießen, vom Verliebtsein, aber auch von der Vergänglichkeit des Lebens. Ein Dichter solcher Lieder war Anakreon aus Teos in Ionien (ὁ Ἀνακρέων ὁ Τήιος), der in der 2. Hälfte des 6. Jh.s v. Chr. lebte. Seine Lieder fanden weiteste Verbreitung und viele Nachahmer.

Vergnügungen und Lustbarkeiten an den (Wein-)Festen des Dionysos (Vasenbild)

Das nachfolgende Trinklied stammt aus einer Sammlung anakreontischer Lieder, die, wohl in der Zeit zwischen dem 1. Jh. v. Chr. und 1. Jh. n. Chr. entstanden, im 2. Jh. n. Chr. unter seinem Namen veröffentlicht wurden.

Der Trinkbecher war ein wichtiger Gebrauchsgegenstand bei den Symposien. Die (auch auf dem Titelblatt abgedruckte) Abbildung zeigt einen solchen Trinkbecher aus dem 3. Jahrhundert vor Christus. Auf der dem Betrachter zugekehrten Seite ist eingeritzt: ΗΔΕΩΣ ΠΑΡΑΠΕΝΠΟ (ἡδέως παραπένπω = παραπέμπω) – »Gern schenke ich nach«. Auf der anderen Seite steht: ΘΑΡΡΙ ΠΙΝΕ ΜΕ (θάρρει, πῖνε μέ) – »Nur zu, trinke mich«.

Ἡ γῆ μέλαινα πίνει,
πίνει δὲ δένδρε' αὐτήν,
3 Πίνει θάλασσ' ἀναύρους,
ὁ δ' ἥλιος θάλασσαν,
τὸν δ' ἥλιον σελήνη.
6 Τί μοι μάχεσθ', ἑταῖροι,
καὐτῷ θέλοντι πίνειν;

μέλας, μέλαινα, μέλαν: schwarz, dunkelfarbig
ὁ ἄναυρος: der Fluß, der Strom
θέλοντι: Dat. Sg. Mask. des Part. Präs. Akt. von
θέλω (s. L. 2, Text II): »der ich ..... will«

Übungen und Aufgaben

1. In den Texten I und II lernen Sie 4 Formen des Indikativs Präsens Medium / Passiv kennen. Bilden Sie diese von βούλομαι und γίγνομαι.

2. Die noch fehlenden Formen begegnen Ihnen in dem folgenden Text; Sie werden sofort sehen, worin sich dieser von dem Lektionstext I unterscheidet:

Δύο ἀμνοὶ (ὁ ἀμνός das Lamm) ὑπὸ λύκου διώκονται καὶ εἰς ἱερὸν φεύγουσιν. Καὶ ὁ μὲν λύκος τοὺς ἀμνοὺς ἐξάγειν βούλεται καὶ λέγει· »Ἐν τῷ ἱερῷ θυσία ἔσεσθε τοῖς θεοῖς.« Οἱ δ' ἀμνοί· »Ἀλλὰ μᾶλλον βουλόμεθα θεοῖς θυσία γίγνεσθαι ἢ ὑπὸ λύκου διαφθείρεσθαι.«

Eines der Lämmchen kann dann aber seine Angst doch nicht mehr unterdrücken und ruft:

»Μή με, ὦ λύκε, διάφθειρε· φίλος μοι γίγνου.«

Als dann sogar noch ein zweiter Wolf auftaucht, kann das Lämmchen gar nicht mehr an sich halten und ruft mit noch lauterer Stimme:

»Μή με, ὦ λύκοι, διαφθείρετε· φίλοι μοι γίγνεσθε.«

Bearbeiten Sie zu diesem Text folgende Aufgaben in der angegebenen Reihenfolge:

a) Lesen und übersetzen Sie den Text im Zusammenhang.

b) Zerlegen Sie die im Medium/Passiv verwendeten Verbformen, und schreiben Sie die Personalendungen, die sich dabei ergeben, in der Reihenfolge untereinander, wie es im Konjugationsschema üblich ist.

c) Erstellen Sie von ἐξάγω eine vollständige Übersicht über alle Ihnen nun bekannten Formen des Präsens nach folgendem Schema (Sie können sich für Ihre Übersicht beim Medium / Passiv auch an den Formen des Futurs ἔσ-ομαι orientieren, da der Ausgang der Formen bis auf die 3. P. Sg. mit denen des Präsens übereinstimmt):

Ind.	Aktiv	Medium / Passiv
1. Sg.	…	…
2.	…	…
3.	…	…
1. Pl.	…	…
2.	… .	…
3.	… ·	…
Imp. Sg.	…	…
Pl.	…	…
Infinitiv	…	…

3. Analysieren und bestimmen Sie die folgenden Verbformen:

γίγνομαι / γράφεις / ἔσεσθαι / διώκομεν / μανθάνετε / διαφθείρῃ / βούλεται

4. Verwandeln Sie vom Aktiv ins Passiv bzw. umgekehrt:

θύουσιν   λέγεται   φυλάττεις   φέρειν

_____ _____ _____ _____

5. Nomen oder Verb? Bestimmen Sie:

γίγνῃ   _____

ἡδονή   _____

γράφεις   _____

θεοῖς   _____

λέγω   _____

λόγῳ   _____

εἶναι   _____

σοί   _____

φίλων   _____

ἀγγέλλετε   _____

6. Die 2. Person Singular Imperativ Medium / Passiv ist nach dem gleichen Lautgesetz entstanden wie die entsprechende Form des Indikativs.

Bilden Sie die beiden Formen von ἀμύνομαι, und erläutern Sie das Lautgesetz.